ULI STEIN

Auf dem
GOLFPLATZ!

LAPPAN

Platz 1 bis 5 der nervigsten

GOLF-SPRÜCHE:

1. *War das ein Probeschwung?*

2. *Der ist weg!*

3. *Die Richtung war gut ...*

4. *FORE!*

5. *Hab ich mir beim Ausholen schon gedacht.*

Wussten Sie schon, ...

*dass ein **abergläubischer** Golfspieler nur **an den Tagen** auf den Platz geht, **die mit „G" enden?***

*dass ein **mieser Tag auf dem Golfplatz** immer noch besser ist als ein **gelungener Tag bei der Arbeit?***

*dass ein **optimistische Golfer** den Ball meist nicht dort sucht, wo er vermutlich liegt, sondern dort, wo er **hofft, dass er liegt?***

Gar nicht so leicht,

als ehemaliger Fußballspieler auf Golf umzusatteln.

Das sagt der Experte:

__Am Golfschwung zu arbeiten,__
ist wie ein Hemd zu bügeln.
Kaum hat man eine Seite fertig,
ist die andere Seite wieder voller Knitter.
Tom Watson (Golfprofi, geb. 1940)

Golf ist ein Spiel, bei dem man einen zu
__kleinen Ball in ein viel zu kleines Loch__
schlagen muss, und das mit Geräten, die für
diesen Zweck denkbar ungeeignet sind.
Winston Churchill

Ich weiss, dass mein Spiel besser wird,
__ich treffe weniger Zuschauer.__
Gerald R. Ford

Golf ist zu 90 % Inspiration
__und zu 10 % Transpiration.__
Johnny Miller

Wussten Sie schon,
dass Golfspielen
gut gegen Demenz ist?

*Na super! Dann ist mir
doch lieber, dass ich dieses Dings
kriege – wie hieß es noch gleich?*

Wenn manche
Leute Messer und
Gabel so anfassen
würden, wie sie es
mit dem Golfschläger
tun, dann würden
sie verhungern.

Wussten Sie auch,

dass Golf eine Menge **Millionäre** hervorgebracht hat? **Die meisten von ihnen** sind ehemalige Milliardäre.

Wenn Ehrlichkeit sich nicht auszahlt ...

Die schlimmste
Aussage im
Golfsport lautet:
„Du bist
noch mal dran."

Gut gesagt:

*Golf ist ein Spiel um **Zentimeter.***
Das Wichtigste sind die 15 Zentimeter
zwischen den Ohren.

Arnold Palmer

Golf ist ein schöner Sport, aber nicht gerade billig!

Wenn man in der Anfangsphase die ganze Ausrüstung kaufen muss, wird es besonders teuer.

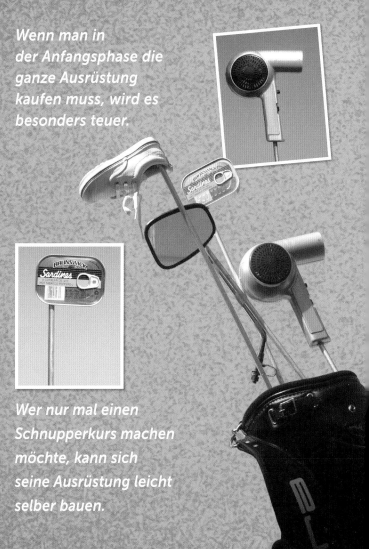

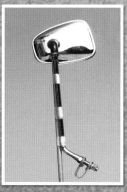

Wer nur mal einen Schnupperkurs machen möchte, kann sich seine Ausrüstung leicht selber bauen.

Das sagt der Experte:

*Wenn du **deinen Charakter** nicht preisgeben möchtest, spiele kein Golf.*

Percy Boomer

*Der Durchschnitts-Golfer trifft, wenn er Glück hat, auf einer Runde acht- oder zehnmal richtig. Alle anderen Schläge sind **brauchbare Fehlschläge.***

Tommy Armour

*Ich verbringe mehr Zeit im Wald als ein **Eichhörnchen**!*

Jack Lemmon

Übrigens:

*Wenn ihr Golfpartner ein gewaltiger **Aufschneider** ist, muss er noch lange nicht **Chirurg** sein!*

Wussten Sie auch,

dass man einen Golfer, wenn er mit Sand in den Handschellen und Kletten in der Hose nach Hause kommt, nicht fragen sollte, was er geschossen hat?

Golfer und Caddy:

Golfer:
Warum sehen Sie, nachdem ich geschlagen habe, immer auf die Uhr?

Caddy:
Das ist keine Uhr, das ist ein Kompass!

Golfer:
So schlecht habe ich noch nie gespielt!

Caddy:
Ach, Sie haben schon einmal gespielt?

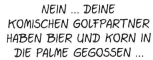

Auf dem Golfplatz:

Wer auch immer gesagt hat: „Übung macht den Meister", hat offensichtlich nie Golf gespielt.

Ich halte mehrere Rekorde auf dem Golfplatz, aber sie beziehen sich alle auf Bier.

Ein guter Golfpartner ist einer, der immer etwas schlechter ist als man selbst ... Deshalb bekomme ich so viele Anrufe, mit Freunden zu spielen.

Golf ist ein ungewöhnliches Spiel. Wenn man einen guten Tag hat, kann man es kaum erwarten, wieder auf den Platz zu gehen, und wenn man einen schlechten Tag hat, kann man es kaum erwarten, wieder auf den Platz zu gehen.

Arbeit ist für Leute,
die nicht wissen,
wie man Golf spielt.

Golf ist ein
einfaches Spiel … Es ist nur
schwer zu spielen.

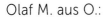

Olaf M. aus O.:

Selbstverständlich spiele ich bei Regen und Wind.

*Aber neulich hat mich meine Frau gefragt, ob ich ihr im Garten helfen könnte – doch nicht **bei dem Sauwetter!***

Wer gern mal eine Runde
Golf spielt, aber keine Lust hat,
immer die sperrige Ausrüstung
mit sich herumzuschleppen,
wird vom „Klapp-Club-Eisen"
begeistert sein:

Der zusammen-
geklappte Schläger
passt perfekt
in jede Tasche.

Er lässt sich mühelos auf die individuelle Länge ausziehen und ist im Nu einsatzbereit.

Wir wünschen viel Spaß beim präzisen Einlochen!

(Im gut sortierten Sportfachhandel erhältlich)